Nueve días
para hacerse amigo
del Espíritu Santo

Raniero
Cantalamessa
Nueve días
para hacerse amigo
del Espíritu Santo

EDICIONES RIALP
MADRID

Título original: *9 jours pour devenir ami de l'Esprit Saint*

© 2017 *by* Éditions des Béatitudes
© 2026 de la versión española realizada por Miguel Martin,
  by EDICIONES RIALP, S. A.,
  Manuel Uribe 13-15, 28033 Madrid
  (www.rialp.com)

Preimpresión: www.produccioneditorial.com

ISBN (edición impresa): 978-84-321-7279-3
ISBN (edición digital): 978-84-321-7280-9
ISBN (edición bajo demanda): 978-84-321-7281-6
ISNI: 0000 0001 0725 313X
Depósito legal: M-23552-2025
Impreso en Anzos, S. L., Fuenlabrada (Madrid)

Índice

Día 1
El Espíritu Santo se da a conocer

 MEDITACIÓN DEL DÍA

Introducción

En este primer día, descubriremos quién es el Espíritu Santo y aprenderemos a conocerle mejor, y hacernos sus amigos.

Invitación al recogimiento

Me tomo el tiempo necesario para detenerme. Cierro los ojos, mis pies descansan posados en el suelo. Respiro tranquilamente, y con una mirada de fe, estoy atento a la presencia del Espíritu Santo en mi corazón. Le doy gracias por la fidelidad de su presencia.

Señal de la cruz

En el nombre del Padre, y del Hijo y del Espíritu Santo. Amén.

Oración al Espíritu Santo

Espíritu Santo, deseo conocerte. Revélate a mí.

Palabra de Dios

«Apresurémonos a conocer al Señor. Cierta como la aurora es su salida, y vendrá a nosotros como lluvia de otoño, como lluvia de primavera que empapa la tierra» (Os 6, 3).

Meditación del P. Raniero Cantalamessa

No se puede llevar una vida cristiana sin conocer al Espíritu Santo. La dificultad que tenemos para conocer al Espíritu Santo se debe a su naturaleza. El Espíritu Santo es como la luz. La luz lo ilumina todo, pero ella sigue escondida. Si tengo una lámpara ante los ojos en la noche, no veo nada. Pero si la lámpara está detrás de mí, ilumina todo lo que tengo delante. El Espíritu Santo es precisamente eso. Es una luz escondida.

Otra imagen del Espíritu Santo, la podríamos tomar del mundo del teatro: el apuntador. El apuntador está oculto. Pero si el apuntador se calla, los actores no sabrán qué decir.

¿Quién es pues el Espíritu Santo en la Trinidad? El término más significativo es el amor. Es el amor personal entre el Padre y el Hijo. Una llama de amor tan intensa que todos los amores que conocemos en la vida —un padre, una madre, un hijo— no son más que chispas de este enorme, inmenso incendio de amor que es la Trinidad.

Pues el Espíritu Santo es el amor que se tienen el Padre y el Hijo.

San Agustín dice que el Padre es el que ama al Hijo; el Hijo es el que es amado por el Padre y el Espíritu Santo es el amor que hay entre ellos.

Oración

Oremos. Espíritu Santo, ilumina mi vida, sopla en mi corazón, revélate a mí para que pueda vivir continuamente en presencia de Dios.

Padre nuestro...

 PROPÓSITO DEL DÍA

En este primer día, recuerdo los momentos de mi vida en que el Espíritu Santo ha iluminado mi camino. Tal encuentro, tal acontecimiento, tal consuelo... Él es esa luz discreta que ilumina mi camino. Doy gracias por la presencia del Espíritu Santo en mi vida.

 LA LUZ DE LOS SANTOS

«Oh, Dios, envía tu Espíritu Santo, que cree en mí un corazón y un espíritu nuevos. Que su unción me enseñe todas las cosas, porque te he elegido entre mil y te amo por encima de todo otro amor.

Me acerco a ti, mi dulce luz. Haz brillar en mí los rayos de tu rostro.

Ven, sol de la mañana, haz reverdecer y florecer esta paja seca, imagen de mi nada que tú has plantado. Me acerco a ti, fuego consumidor, mi Dios».

SANTA GERTRUDIS DE HELFTA

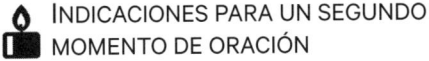 INDICACIONES PARA UN SEGUNDO MOMENTO DE ORACIÓN

En el primer libro de los Reyes, el Señor dice:

«"Sal y quédate en la montaña, delante del Señor". Entonces el Señor pasó y un viento fortísimo conmovió la montaña y partió las rocas delante del Señor; pero el Señor no estaba en el viento. Detrás del viento, un terremoto; pero el Señor no estaba en el terremoto. Detrás del terremoto, un fuego; pero el Señor no estaba en el fuego. Detrás del fuego, un susurro de brisa suave. Cuando Elías lo oyó, se cubrió el rostro con el manto, salió y se detuvo a la puerta de la cueva» (1 R 19, 11-13).

El Señor enseñó a Elías a discernir los signos de su presencia. ¿Cómo se manifiesta a mí? Meditando este texto, pido al Espíritu Santo que me ilumine sobre el modo que tiene de venir a mí.

Día 2
El Espíritu Santo hace de mí un hijo

 MEDITACIÓN DEL DÍA

Introducción

En este segundo día, pediré al Espíritu Santo que me guíe en el camino de infancia, para que, consciente de la gracia de mi bautismo, pueda, por el Espíritu Santo, llamar a Dios «¡Abba, Padre!».

Invitación al recogimiento

Me siento cómodamente en mi silla o banco de oración. Cierro los ojos. Respiro tranquilamente y me centro en mi respiración. Entro en la capilla interior que es mi corazón.

Señal de la cruz

En el nombre del Padre, y del Hijo, y del Espíritu Santo. Amén.

Oración al Espíritu Santo

Rey celestial consolador, Espíritu de Verdad, tú que estás presente en todo y lo llenas todo, tesoro de bien y donante de vida, ven y habita en nosotros.

Palabra de Dios

«… *Recibisteis un Espíritu de hijos de adopción, en el que clamamos: "¡Abbá, Padre!"*» (Rm 8, 15).

Meditación del P. Raniero Cantalamessa

La acción fundamental del Espíritu Santo en nuestra vida es hacer de Dios nuestro Padre y de Cristo nuestro Redentor. San Pablo nos describe esta operación del Espíritu Santo sobre todo en la epístola a los Gálatas, donde leemos:

«*Puesto que sois hijos, Dios envió a nuestros corazones el Espíritu de su Hijo, que clama: "¡Abbá, Padre!". De manera que ya no eres siervo, sino hijo; y como eres hijo, también heredero por gracia de Dios*» (Ga 4, 6-7).

¿Cómo se realiza este nuevo nacimiento? Cada uno de nosotros, por su nacimiento, es un hombre viejo, que vive bajo el régimen del pecado. Y en ese régimen, el hombre desea los placeres, los poderes, el dinero... Y Dios se le aparece como alguien que le cierra el camino diciéndole «Tú debes», «Tú no debes». En esas situaciones, Dios le parece el enemigo, el obstáculo para su felicidad. Y hay una especie de rencor contra Dios en el hombre viejo.

Cuando el Espíritu viene a nosotros en el bautismo, luego en los sacramentos, en la Palabra de Dios, comienza por hacernos mirar a Dios con ojos nuevos, una mirada que nos hace conocer a Dios como nuestro

Padre: el aliado de nuestra felicidad. Hasta el punto de que no ha librado a su propio Hijo por nosotros.

Para terminar, el hombre se enternece. Comprende que Dios es su Padre desde el momento que está dispuesto a pronunciar ese nombre: «*Abba*, Padre». Ese es el gran cambio del Espíritu Santo.

Oración

Oremos. Espíritu Santo, por mi bautismo, me convertí en hijo de Dios y rezo: *Padre nuestro*...

 PROPÓSITO DEL DÍA

Hoy quiero vivir como hijo, como hija, y no como huérfano. Enciendo una vela o una lamparilla para recordar que soy hijo o hija del Padre, por mi bautismo y que quiero vivir como hijo de la luz, como dice san Pablo a los efesios (cf. Ef 5, 8).

 ## LA LUZ DE LOS SANTOS

«Al morir por nosotros, salvándonos, Jesús nos ha hecho hijos de Dios, sus hermanos, y nos ha dado también, por el Espíritu Santo, la posibilidad de ser introducidos en el seno de la Trinidad, en Él, con Él y por Él, de suerte que para nosotros también, esta divina invocación suya, se ha hecho posible: "Abba, Padre" —¡Papá! Mi papá, nuestro papá— con todo lo que eso comporta como certeza de su protección, seguridad, abandono ciego a su amor, consolaciones divinas, fuerza, ardor. Ardor que nace en el corazón de quien está seguro de ser amado...

Esa es la oración cristiana. Una oración extraordinaria.

Naturalmente, no se puede decir: "Abba, Padre", con todo el significado que contiene esa palabra, más que si el Espíritu Santo la pronuncia en nosotros».

CHIARA LUBICH

INDICACIONES PARA UN SEGUNDO MOMENTO DE ORACIÓN

Soy hijo, soy hija del Padre y como dice san Pablo: «*Y si somos hijos, también herederos: herederos de Dios, coherederos de Cristo*» (Rm 8, 17). Leo estas oraciones lentamente haciéndolas mías:

Tengo un Padre que me ama, que me sigue con su mirada de amor, siempre. Padre, no quieres más que mi felicidad y yo quiero ser tu alegría. Soy tu hijo. Si caigo, tú me levantas; si me desanimo, tú me animas. Espíritu Santo, revélame más el verdadero rostro de mi Padre que está en el cielo. Oh, Padre, te bendigo por la maravilla que soy. Oh, Padre, alabado seas.

Día 3

Por el Espíritu Santo, el amor de Dios se derrama en mi corazón

 MEDITACIÓN DEL DÍA

Introducción

Meditamos hoy sobre el amor loco de Dios por nosotros, amor que se derrama en nuestros corazones por el Espíritu Santo. Experimentar el amor de Dios por mí es tener una experiencia de la acción del Espíritu Santo en mi vida.

Invitación al recogimiento

Soy como una taza de agua caliente; en esta taza hay una bolsita de té que difunde su perfume. La taza es mi alma, la bolsita de té es el amor de Dios que derrama el Espíritu Santo. Me detengo unos instantes para respirar profundamente y, a medida que respiro, acojo el amor de Dios por mí, dejo que su perfume se derrame en mí.

Señal de la cruz

En el nombre del Padre, y del Hijo, y del Espíritu Santo. Amén.

Oración al Espíritu Santo

Ven a mí, Espíritu de caridad, visita mi alma, llénala de la gracia de lo alto y derrama tu amor en mi corazón.

Palabra de Dios

«El amor de Dios ha sido derramado en nuestros corazones por medio del Espíritu Santo que se nos ha dado» (Rm 5, 5).

Meditación del P. Raniero Cantalamessa

«El amor de Dios ha sido derramado en nuestros corazones por el Espíritu Santo que se nos ha dado». Esa es la esencia de Pentecostés. Cuando se lee en el relato del libro de los Hechos de los Apóstoles que todos fueron llenos del Espíritu Santo, hay que comprender que todos quedaron llenos del amor de Dios. Fue como si el amor de Dios los hubiera invadido completamente. En efecto, vemos a los Apóstoles completamente cambiados a partir de este momento. Es que el Espíritu Santo ha renovado el amor. Solo el amor puede realizar cambios tan radicales.

¿Pero de qué amor se trata? ¿Cuál es este amor que ha sido derramado en nuestros corazones por el Espíritu Santo? Ese no es nuestro amor por Dios. No, es el amor de Dios por nosotros. Es el amor divino, eterno de Dios por sus criaturas. La cosa más importante es que Dios nos ama. Hay con san Juan una verdadera revolución cuando dice en su primera carta: «*En esto consiste el amor: no en que nosotros hayamos amado a Dios, sino en que Él nos amó*» (1 Jn 4, 10). En el cristianismo, el mandamiento de amar a Dios es el mayor, pero deriva del hecho de que Dios nos ama primero.

Con Cristo, el amor de Dios toma un rostro humano. Cristo amaba cada categoría de personas con un amor particular: amaba a los niños, a las mujeres, a sus discípulos. Solo después de haber recibido este amor, ese mismo amor se hace en nosotros capacidad de amar a Dios y a los demás.

Oración

Oremos. Espíritu Santo, como los primeros Apóstoles reunidos en el Cenáculo el día de Pentecostés, quiero recibir en este instante la plenitud de tu amor. Estoy disponible para tu amor, que venga a invadirme, a transformarme, alumbrando un fuego nuevo en mí.

Padre nuestro...

 PROPÓSITO DEL DÍA

Decido hacer pequeñas pausas en mi jornada, con la frecuencia posible, para hacerme presente al amor de Dios que siempre me acompaña, para maravillarme y dar gracias a Dios por este amor.

 LA LUZ DE LOS SANTOS

«Oh, mi Dios, Trinidad que adoro, ayudadme a olvidarme del todo para establecerme en vos, inmóvil y apacible, como si ya mi alma estuviese en la eternidad; que nada pueda turbar mi paz ni hacerme salir de vos, oh, mi Inmutable, sino que cada minuto me lleve más lejos en la profundidad de vuestro misterio. Pacificad mi alma; haced de ella vuestro cielo, vuestra morada amada y el lugar de vuestro descanso; que yo no os deje jamás solo; sino que esté ahí toda entera, toda maravillada en mi fe, toda adorante, toda entregada a vuestra acción creadora... Oh, fuego consumidor, Espíritu de Amor, venid a mí a fin de que se haga en mi alma como una encarnación del Verbo; que yo sea para Él una humanidad añadida, en la que renueve todo su misterio».

SANTA ISABEL DE LA TRINIDAD

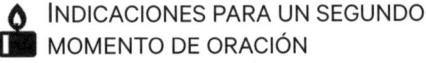 INDICACIONES PARA UN SEGUNDO MOMENTO DE ORACIÓN

Con frecuencia me siento indigno de Dios, a veces me parece que Dios está lejos de mí o que ya no se interesa por mí, porque no lo siento ya a mi lado o atravieso una prueba.

Medito este pasaje de la epístola de Pablo a los romanos:

«Porque estoy convencido de que ni la muerte, ni la vida, ni los ángeles, ni los principados, ni las cosas presentes, ni las futuras, ni las potestades, ni la altura, ni la profundidad, ni cualquier otra criatura podrá separarnos del amor de Dios, que está en Cristo Jesús, Señor nuestro» (Rm 8, 38-39).

San Pablo pasó por toda suerte de pruebas en su vida y, sin embargo, guardó la certeza de que nada podía separarle del amor de Cristo, ninguna dificultad, ninguna humillación, ningún fracaso...

Me dejo fortalecer en mi fe por esta palabra de Pablo. La releo, la dejo entrar en mí y pido al Espíritu Santo la gracia de creer en el amor incondicional de Dios por mí.

Día 4
El Espíritu Santo ora en mí

 MEDITACIÓN DEL DÍA

Introducción

En este cuarto día, el Espíritu Santo viene a renovar mi vida de oración, orando Él mismo en mí.

Invitación al recogimiento

Me instalo como quiera y cierro los ojos, tomo conciencia de la sensación de mi cuerpo apoyado en el asiento. Confío al Espíritu Santo las tensiones que habitan mi cuerpo. Acojo al Espíritu Santo y me encuentro en paz.

Señal de la cruz

En el nombre del Padre, y del Hijo, y del Espíritu Santo. Amén.

Oración al Espíritu Santo

Ven, Espíritu creador, y envía de lo alto del Cielo un rayo de tu luz.

Palabra de Dios

«El Espíritu acude en ayuda de nuestra flaqueza: porque no sabemos lo que debemos pedir como conviene; pero el mismo Espíritu intercede por nosotros con gemidos inefables» (Rm 8, 26).

Meditación del P. Raniero Cantalamessa

¡Si se pudiese descubrir lo que el Espíritu Santo dice en esos gemidos inefables, la manera en que ora en nosotros!

El Espíritu Santo renueva toda clase de oración: la oración litúrgica, la oración personal, la oración de contemplación. Es una luz que lo ilumina todo. De otro modo, la oración cristiana es un parloteo. Sin el Espíritu Santo, la oración cristiana no es más que una multiplicación de palabras. Conocemos dos tipos de oración: la oración litúrgica y la oración privada. La litúrgica es comunitaria, pero no espontánea. Por el contrario, la oración personal es espontánea, pero no comunitaria. Necesitamos un tercer tipo de oración que es espontánea. Y comunitaria. Es la oración que se vive en los grupos de oración (no forzosamente carismáticos). En esos grupos, el Espíritu Santo da sus carismas. Es la oración que encontramos en el comienzo del cristianismo. Es la que viven los apóstoles. Uno lee un texto de la Biblia, otro tiene el carisma de aplicarlo a la situación del momento. Esta conexión entre la Palabra de Dios y la situación hace brotar un movimiento del Espíritu. Hay una nueva

Pentecostés. Necesitamos hoy redescubrir este tercer tipo de oración que dio la fuerza a la Iglesia naciente.

Pero la oración es una lucha. E incluso cuando la oración es árida, recordemos que el Espíritu Santo está siempre ahí.

Oración

Oremos. Espíritu Santo, en este día, toma las riendas de mi vida de oración. Guárdame de «*parlotear como los paganos*». Sé tú mismo mi oración.

Padre de los pobres, dispensador de los dones, luz de nuestros corazones, tú que inspiras nuestras lenguas para cantar, ven a llenar el espacio de mi tienda, ven a soplar en la vela de mi alma, que tu oración sea mi oración. Amén.

Gloria al Padre, al Hijo y al Espíritu Santo, como era en el principio, ahora y siempre, por los siglos de los siglos. Amén.

 PROPÓSITO DEL DÍA

Hoy, en el curso de mi jornada, voy a buscar pequeños actos de presencia del Espíritu Santo que habita en mi corazón. Ante la belleza de una sonrisa o de la naturaleza, Le dejo expresar en mí una acción de gracias. Cuando un avión o un tren pasan, cuando las sirenas de los bomberos, de ambulancia o de policía resuenan, Le dejo interceder en mí por todas esas personas.

 LA LUZ DE LOS SANTOS

«Sabemos que es muy cierto lo que dice el apóstol Pablo: *"No sabemos pedir como conviene"*. Queremos orar, pero Dios está lejos, no tenemos las palabras, el lenguaje, para hablar a Dios, ni siquiera el pensamiento. Podemos solamente abrirnos, poner nuestro tiempo a disposición de Dios, esperar que nos ayude él mismo a entrar en el verdadero diálogo. El apóstol dice: esa falta de palabras, esa ausencia de palabras, pero también ese deseo de entrar en contacto con Dios es precisamente la oración que el Espíritu Santo no solo comprende, sino que aporta e interpreta delante de Dios. Por medio del Espíritu Santo, nuestra debilidad deviene precisamente una verdadera oración, un verdadero contacto con Dios».

BENEDICTO XVI

 INDICACIONES PARA UN SEGUNDO MOMENTO DE ORACIÓN

Paso un tiempo de silencio meditando este pasaje de la Carta a los romanos:

«*Vosotros no vivís según la carne, sino según el Espíritu, si es que el Espíritu de Dios habita en vosotros*» (Rm 8, 9).

Dedico unos minutos al Señor sabiendo que es el Espíritu mismo quien guiará este rato de oración, pues habita en mí y me conduce.

Día 5
El Espíritu Santo unifica mi vida

 MEDITACIÓN DEL DÍA

Introducción

En este quinto día, pediré al Espíritu Santo que sople sobre el caos de mi vida, que lleve su luz a mis tinieblas y sobre todo que desate todos los nudos de mi existencia, para que mi vida quede unificada.

Invitación al recogimiento

Dedico un momento para recogerme. Me instalo confortablemente. Me mantengo derecho, sin cruzar los brazos, los pies apoyados en el suelo. Cierro los ojos. Acojo la presencia del Espíritu

Santo y le agradezco que haga de mí el templo de su presencia.

Señal de la cruz

En el nombre del Padre, y del Hijo, y del Espíritu Santo. Amén.

Oración al Espíritu Santo

Veni Creator Spiritus, ven Espíritu Creador. Te confío mi cuerpo, mi vida intelectual y afectiva para que todo pueda ser, en tus manos, regenerado armoniosamente, en belleza, en verdad, en pureza. *Veni Creator Spiritus.*

Palabra de Dios

«El espíritu del Señor llena la tierra, y, al contener todas las cosas, conoce bien cualquier voz» (Sb 1, 7).

Meditación del P. Raniero Cantalamessa

En el principio, la creación era caótica. Había tinieblas, vacío... Era el caos. Solamente, cuando el Espíritu de Dios agita las aguas, aparece el cosmos. Lo sabéis, «cosmos» es la raíz de la palabra «cosmética», que significa «algo bello», luminoso. Y en efecto, a partir de ese momento, a partir de la acción del Espíritu Santo, se ve que la luz se separa de las tinieblas, la tierra firme se separa de las aguas. Todo adquiere su forma, su belleza también. El Espíritu Santo perfecciona así el proyecto del Padre.

Como la creación está siempre abierta, Dios es siempre el creador. Nosotros estamos siempre en un proceso de creación. Eso quiere decir que el Espíritu Santo es Quien hace pasar el mundo, el universo, del caos al cosmos. Y eso no se hace en un instante. Hay toda una evolución. En el interior de esta evolución, de este trabajo de la creación, está el Espíritu Santo en acción.

Como la Iglesia es también un pequeño universo en el universo, el Espíritu Santo es quien hace pasar la Iglesia del caos, del contraste, de la división, de la discordia, a la armonía, a la unidad. Aunque hay un trabajo para llegar a esta armonía, es siempre obra del Espíritu Santo.

Oración

Oremos. Espíritu que planeaba en el principio sobre el desierto y las tinieblas del mundo, y transformaba el barro y el caos en armonía, insuflando en el hombre la vida en profundidad, ven para hacer florecer nuestro desierto, ven a orar en nosotros, transfórmanos en el Hijo, dispón nuestra alma a tu gracia, haz que nos unamos al Padre y a su voluntad.

Padre nuestro...

 PROPÓSITO DEL DÍA

La noche se parece a una recaída momentánea en el caos: angustias, sueños, pesadillas, el bien y el mal, lo real y lo irreal. Nos levantamos a veces con la impresión de recomenzar todo desde cero. Hoy comienzo mi jornada con el Espíritu Santo para pasar del caos al cosmos y devenir una criatura nueva, y le invocaré a menudo en este día diciéndole: «Ven, Espíritu creador, visita mi alma».

 LA LUZ DE LOS SANTOS

«Alma, conoce cuánto te honra el Creador, más que al resto de la creación. El cielo no es a imagen de Dios, ni la luna, ni el sol, ni los astros más bellos, ni nada de lo que aparece en la creación. Solo tú eres a imagen de la naturaleza que supera toda inteligencia. Solo tú te pareces a la belleza incorruptible; tú eres la marca de la verdadera

divinidad, el receptáculo de la vida bienaventura-
da, la huella de la verdadera luz. Si la miras, devie-
nes lo que es Él [...]. Nada es lo bastante grande
en el mundo para soportar la comparación de tu
grandeza [...]. Él tan grande, Él tal como es capaz
de sostener en su mano toda la creación, deviene
todo entero contenido en ti; habita en ti sin estre-
charse cuando entra en tu naturaleza».

San Gregorio de Nisa

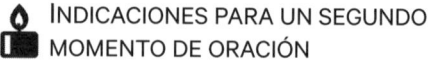 INDICACIONES PARA UN SEGUNDO
MOMENTO DE ORACIÓN

En este segundo rato de oración, pido al Espíritu
Santo que me visite profundamente y rezo con la
fe que tengo hoy esta oración para que se realice
en mi vida:

Espíritu Santo, ven a darle la vuelta al caos de mi
inconsciente, sede de fuerzas oscuras, de impulsos
contradictorios, donde se encuentran angustias y

nerviosismos, pero también posibilidades des-
conocidas. *«El Espíritu todo lo escudriña»* (1 Co
2, 10), nos dice san Pablo. Espíritu Santo, visita
mi inconsciente; ven, Espíritu Creador, visita mi
caos interior. Señor, tú eres mi Padre, yo soy el
barro, tú eres mi alfarero, soy la obra de tus manos (cf. Is 64, 7).

Día 6
El Espíritu Santo es el soplo de la Palabra de Dios

 MEDITACIÓN DEL DÍA

Introducción

Medito hoy sobre el rol y la acción del Espíritu Santo cuando leo la Palabra de Dios. ¿Cómo el Espíritu Santo viene y renueva mi modo de leer la Palabra? ¿Cómo la hace viva y activa en mi vida?

Invitación al recogimiento

Me preparo a orar retomando contacto con mi cuerpo. Me pongo a su escucha, repaso las sensaciones que lo atraviesan —el contacto físico con el suelo o la silla en que estoy sentado, los olores que me rodean, un sentimiento de fatiga o por el contrario de bienestar, un dolor...—. Esta atención a mi cuerpo me reinstala poco a poco en el instante presente. Entro en la oración con la alegría de saber que estoy ahí donde Dios quiere que esté ahora.

Señal de la cruz

En el nombre del Padre, y del Hijo, y del Espíritu Santo. Amén.

Oración al Espíritu Santo

Espíritu de Dios, soplo de vida,
Espíritu de Dios, soplo de fuego,
ven y desciende sobre mí ahora.

Palabra de Dios

«No solo de pan vivirá el hombre, sino de toda palabra que procede de la boca de Dios» (Mt 4, 4).

Meditación del P. Raniero Cantalamessa

Deberíamos enamorarnos de Dios por su voz, por su Palabra. El Dios bíblico es un Dios que habla. La diferencia entre el Dios vivo y los ídolos es precisamente esa.

Los ídolos tienen una boca, pero no hablan. Leemos en la Biblia: «*Escucha, pueblo mío*», «*Palabra de Dios*» o incluso: «*Oráculo del Señor*». ¿Qué sentido podemos dar a esas expresiones tan antropomórficas? ¿Es que Dios tiene una boca? La respuesta es que Dios habla en el corazón. El profeta Jeremías dice: «*Escribiré mi ley en su corazón*». Los profetas tienen la certeza de escuchar una voz. Con la venida de Jesús, hay un cambio. Dios mismo habla en su Hijo. Los apóstoles pueden escuchar su Palabra con los oídos del cuerpo. Preguntémonos entonces: ¿Cómo esta palabra oída por el corazón de los profetas y los oídos de los apóstoles llega a nosotros? ¿Cuál es el rol del Espíritu Santo en esta palabra?

Para ser emitida, toda palabra necesita un soplo. Esta ley fundamental se realiza también en la Palabra de Dios. La Palabra de Dios no puede comunicarse sin un soplo. ¿Y cuál es el soplo de Dios? Es el Espíritu Santo. Es hermoso ver en la Biblia esos símbolos del viento, del soplo, empleados por Dios para hablarnos del Espíritu Santo.

El Espíritu Santo es el soplo que nos comunica la Palabra de Dios.

Oración

Oremos. Espíritu Santo, quiero oír tu voz a través de la Palabra de Dios. Renueva mi deseo de frecuentarla. Enséñame a leer las Santas Escrituras, a meditarlas, a vivir de tu Palabra. Con María, que meditaba todo en su corazón, rezamos:

Dios te salve, María...

 PROPÓSITO DEL DÍA

Hoy decido dedicar un rato a leer la Palabra de Dios. Antes de la lectura, pido al Espíritu Santo que me ilumine, que prepare mi corazón para acogerla. Dedico un tiempo a rumiarla, a meditarla. Me repito un versículo que me impresiona. Termino preguntándome cómo podría ponerla hoy en práctica.

 LA LUZ DE LOS SANTOS

«Que Cristo nos ayude, hermanos carísimos, a acoger siempre la lectura de la Palabra de Dios con un corazón ávido y sediento: así, vuestra obediencia fidelísima os llenará de alegría espiritual. Pero si queréis que las Santas Escrituras tengan para vosotros dulzura y que los preceptos divinos os aprovechen todo lo necesario, retiraos, por unas horas, de vuestras preocupaciones

[49]

profanas. Releed en vuestras casas esas palabras de Dios, consagraos enteramente a su misericordia. Así conseguiréis realizar en vosotros lo que está escrito del hombre bienaventurado en el Salmo 1, versículo 2: *"Meditará día y noche la ley del Señor"*».

GUILLERMO DE SAINT THIERRY

 INDICACIONES PARA UN SEGUNDO
MOMENTO DE ORACIÓN

Medito la parábola del sembrador que salió a sembrar:

«Reuniéndose una gran muchedumbre que de todas las ciudades acudía a él, dijo esta parábola: "Salió el sembrador a sembrar su semilla; y al echar la semilla, parte cayó junto al camino, y fue pisoteada y se la comieron las aves del cielo. Parte cayó sobre piedras, y cuando nació se secó por falta de humedad. Otra parte cayó en medio de

las espinas, y habiendo crecido con ella las espinas la ahogaron. Y otra cayó en la tierra buena, y cuando nació dio fruto al ciento por uno".

[...] Sus discípulos le preguntaron qué significaba esta parábola. Él les dijo: [...] El sentido de la parábola es este: la semilla es la palabra de Dios. Los que están junto al camino son aquellos que han oído; pero viene luego el diablo y se lleva la palabra de su corazón, no sea que creyendo se salven. Los que están sobre las piedras son aquellos que, cuando oyen, reciben la palabra con alegría, pero no tienen raíz; estos creen durante algún tiempo, pero a la hora de la tentación se vuelven atrás. Lo que cayó entre espinos son los que oyeron, pero en su caminar se ahogan a causa de las preocupaciones, riquezas y placeres de la vida y no llegan a dar fruto. Y lo que cayó en tierra buena son los que oyen la palabra con un corazón bueno y generoso, la conservan y dan fruto mediante la perseverancia» (Lc 8, 4-15).

Dedico unos momentos para dejarme interrogar por el Señor: ¿qué clase de tierra soy yo? ¿Qué disponibilidad de corazón tengo a lo largo del día para dejarme trabajar por la Palabra?

Día 7
El Espíritu Santo renueva mi amor por Dios

 MEDITACIÓN DEL DÍA

Introducción

En este séptimo día de retiro, meditamos sobre este fuego devorador que es el Espíritu Santo, que viene a renovar nuestro amor a Dios.

Invitación al recogimiento

Dedico un momento a recogerme. Me detengo, relajo los hombros, cierro los ojos. El Espíritu Santo está ahí, en el secreto de mi corazón. Le doy gracias por su amor.

Señal de la cruz

En el nombre del Padre, y del Hijo, y del Espíritu Santo.

Amén.

Oración al Espíritu Santo

Ven, Espíritu Santo, llena mi corazón y enciende en él el fuego de tu amor.

Palabra de Dios

«Que me bese con los besos de su boca. Más deliciosos que el vino son tus amores; de aroma exquisito, tus perfumes. Perfume fragante es tu nombre, por eso se enamoran de ti las doncellas. Llévame contigo. ¡Corramos! Condúzcame el rey a sus alcobas. Alegrémonos y deleitémonos contigo, celebremos tus amores más que el vino. ¡Con razón se enamoran de ti!» (Ct 1, 2-4).

Meditación del P. Raniero Cantalamessa

Dios no nos ha amado solamente con un amor de misericordia, de benevolencia, de perdón. Nos ha amado con un amor erótico. Es decir, que nos desea. Quiere, desea nuestro amor. El amor que el Espíritu Santo renueva en nosotros debe tener esa cualidad. En la música, hay una distinción entre el jazz cálido y el jazz frío. El jazz frío es un género de música que tiene una técnica magnífica, que repite estereotipos con virtuosismo. El jazz cálido por el contrario está lleno de impulso, de nueva creación, de improvisación original; es apasionado, ardiente, expresivo, hecho de sentimientos. Pasando esta imagen al campo espiritual, parece que, muy a menudo, nuestro amor por Dios es un jazz frío. Es decir, que amamos a Dios con nuestra cabeza, no con nuestro corazón. Es necesario que también nuestro amor por Dios sea un amor «cálido». Es decir, que tengamos deseo de Dios, una verdadera atracción por Cristo. Que Cristo sea verdaderamente un esposo. El cristianismo del futuro debe ser un cristianismo de este género. Es decir, un cristianismo en el que Cristo no es solo una idea, sino una persona, un esposo que nos ama y quiere ser amado por nosotros. Esa es la revolución que el Espíritu Santo es capaz de operar en los cristianos. Es una revolución que conduce a la alegría.

Oración

Oremos. Espíritu Santo, he abandonado mi primer amor. Ven en socorro de mi corazón tibio y de mi falta de deseo. Abrázame, derrama en mi corazón el amor del Padre. Tú que lo haces todo nuevo, ven a inflamar la leña que soy para que devenga una brasa ardiente. Te lo pedimos por la intercesión de María.

Dios te salve, María...

 PROPÓSITO DEL DÍA

Hoy dedico algunos ratos en la jornada para alabar a Dios: en el coche, en la cocina, bajo la ducha, canto a Dios y dejo que se exprese mi amor por él.

 LA LUZ DE LOS SANTOS

«Jesús quiere que os diga aún cuán grande es el amor que os tiene a cada uno de vosotros —más allá de todo lo que podéis imaginar—. No solamente os ama —más aún, os desea ardientemente—. Le faltáis cuando no os acercáis a él. Tiene sed de vosotros. Os ama siempre, incluso cuando no os sentís dignos».

MADRE TERESA

Medito esta palabra de la primera carta de san Juan: «*En esto consiste el amor: no en que nosotros hayamos amado a Dios, sino en que Él nos amó*» (1 Jn 4, 10).

Reconozco mi incapacidad para amar y pido al Espíritu Santo que llene de su amor todos mis actos, incluso las cosas más pequeñas.

Día 8
El Espíritu Santo renueva mi amor por los demás

 MEDITACIÓN DEL DÍA

Introducción

En este octavo día, me preparo para acoger, de una manera nueva, el amor de Dios derramado en mi corazón por el Espíritu Santo, a fin de que pueda yo dar fruto y mi amor por el prójimo esté activo.

Invitación al recogimiento

Me siento y cierro tranquilamente los ojos. Pongo toda mi atención en mi respiración. Siento el soplo en mi nariz o garganta, los movimientos de mi vientre o de mi abdomen. Espíritu Santo, sé que estás ahí, en el fondo de mi corazón. Disfruto de tu presencia.

Señal de la cruz

En el nombre del Padre, y del Hijo, y del Espíritu Santo. Amén.

Oración al Espíritu Santo

Dulce Espíritu Santo, lléname de tu dulzura, de tu amor, abre mis ojos y mis oídos para que esté siempre más disponible a las necesidades de mis prójimos.

Palabra de Dios

«*Los frutos del Espíritu son: la caridad, el gozo, la paz, la longanimidad, la benignidad, la bondad, la fe, la mansedumbre, la continencia*» (Ga 5, 22-23).

Meditación del P. Raniero Cantalamessa

¿Qué calidad tendrá nuestro amor a los hermanos? ¿Nuestro amor al prójimo? San Pablo nos da una indicación preciosa. En la Carta a los romanos, dice: «*Que la caridad* [él habla del amor que tenemos unos por otros, al que llamamos caridad] *esté libre de hipocresía*» (Rm 12, 9). Lo que quiere decir que, para san Pablo, el amor no es algo que se expresa solo por las manos, es decir, lo que se da, lo que se hace por los demás. El amor es algo que debe estar antes en el corazón. El amor debe ser sincero. Eso es decir que la benevolencia debe venir antes que la beneficencia. ¿Y por qué insiste san Pablo en este amor sincero, interior, del corazón? Porque es fácil falsificar el amor; hacer el bien a los demás... pero sin amarlos verdaderamente. Por eso insiste. No para oponer este amor del corazón al amor activo, sino para decir que este amor activo debe estar enraizado en ese amor sincero. Debemos dejarnos impregnar por el amor de Dios infundido por el Espíritu Santo y repartirlo a nuestro alrededor comenzando por quienes nos son más cercanos.

Oración

Oremos. Dulce llama, ven, toca mi corazón de piedra, quita el triste hielo. Como un viento, llegas ligeramente y me vuelves a encender por el soplo de tu amor divino. Por ti, estamos unidos a ti y nos unimos los unos a los otros por el lazo del amor.

Gloria al Padre, al Hijo, al Espíritu Santo, como era en el principio, ahora y siempre por los siglos de los siglos. Amén.

 PROPÓSITO DEL DÍA

Hoy me propongo realizar al menos un acto de caridad, un servicio gozoso y desinteresado a uno de mis prójimos o de mis compañeros de trabajo.

No os imaginéis que el Amor, para ser verdadero, debe ser extraordinario. Lo que se necesita es continuar amando. ¿Cómo luce una lámpara, si no es por el aporte continuo de gotitas de aceite? Si no hay gotas de aceite, no habrá luz. Amigos míos, ¿qué son esas gotas de aceite en nuestras lámparas? Son las cosas pequeñas de la vida de todos los días: la alegría, la generosidad, las palabras de bondad, la humildad y la paciencia, sencillamente también un pensamiento por los demás, nuestra manera de callarnos, de escuchar, de mirar, de perdonar, de hablar y actuar. Esas son las verdaderas gotas de Amor que hacen arder toda una vida con una llama viva. No busquéis, pues, a Jesús en lo lejano; él no está allí, está en vosotros».

MADRE TERESA

♦ INDICACIONES PARA UN SEGUNDO MOMENTO DE ORACIÓN

En el país de Jesús hay dos extensiones de agua: el lago de Tiberíades y el mar Muerto. El lago de Tiberíades está abierto: recibe las aguas del Jordán que lo atraviesan, pero no las guarda para sí. Estas aguas, llenas de vida, discurren por el valle. El mar Muerto, por el contrario, está cerrado y sin vida. Son pues dos extensiones de agua muy diferentes y sin embargo, en las dos se encuentra la misma agua.

Lo mismo ocurre con nosotros. ¿Quiero yo ser como el mar de Galilea o como el mar Muerto? Si queremos ser el mar de Galilea, debemos recibir el Amor de Dios derramado en nuestros corazones por el Espíritu Santo y darlo a los demás.

Me doy cuenta de que este texto resuena en mi vida de hoy. ¿Me siento como el lago de Tiberíades o como el mar Muerto? Lléname, corre por mí, Espíritu Santo, que pase por mí la vida y la caridad. Dame tu fuerza para las conversiones o decisiones de vida que deba efectuar.

Día 9

El Espíritu Santo me envía a anunciar la Buena Nueva

 MEDITACIÓN DEL DÍA

Introducción

El Espíritu Santo es un fuego ardiente que se propaga. Hoy, en este último día de la novena, pedimos la gracia de ser renovados por el Espíritu Santo en nuestro deseo de anunciar el amor de Dios.

Invitación al recogimiento

El lugar en que me encuentro ahora es como un pequeño Cenáculo. La Virgen María está aquí, cerca de mí, como lo estaba con los apóstoles el día de Pentecostés. Abro las manos para expresar mi deseo de acoger al Espíritu Santo. Él está presente y me cubre con su sombra. Como los apóstoles, me dejo sorprender por lo que el Espíritu Santo quiere darme en este día.

Señal de la cruz

En el nombre del Padre, y del Hijo, y del Espíritu Santo. Amén.

Oración al Espíritu Santo

¡Ven, Espíritu Santo!
Enciéndeme para que te ame,
Ilumíname para que te conozca,
Atráeme para que encuentre en ti mi alegría.
Santa Gertrudis

Palabra de Dios

«¿No sabéis que sois templo de Dios y que el Espíritu de Dios habita en vosotros?» (1 Co 3, 16).

Meditación del P. Raniero Cantalamessa

El día de Pascua, cuando Cristo aparece a los apóstoles, les dice: «*"Como el Padre me envió, así os envío yo"*. Dicho esto, sopló sobre ellos y les dijo: *"Recibid el Espíritu Santo"*» (Jn 20, 21-22).

El Espíritu Santo es un soplo.

El ejemplo más elocuente de la interdependencia entre la Palabra de Dios y el soplo del Espíritu es Pentecostés. Los apóstoles recibieron la plenitud del Espíritu. Quedan llenos de él. Inmediatamente, los apóstoles sienten la necesidad de ir y predicar a Cristo.

Es la venida del Espíritu Santo lo que permite a la Buena Nueva brillar. Antes, los apóstoles conocían las palabras, pero eran palabras muertas. Solo cuando el Espíritu Santo cae sobre una palabra ella se ilumina y deviene una palabra activa, resplandeciente.

Es la misma diferencia que puede haber entre dos cables. Uno por el que pasa corriente eléctrica y otro no. El que no tiene corriente no se altera, el otro vibra al paso de la corriente. Con la Palabra de Dios ocurre algo parecido. Sin el Espíritu Santo, no vibra. La Palabra de Dios nos habla cuando el Espíritu la habita. Y esta Palabra inspirada por el Espíritu Santo deviene inspiradora y nos envía para que resplandezca a nuestro alrededor.

Oración

Oremos.

Ven a nosotros, Espíritu Creador.
Visita las almas de los tuyos;
Llena de la gracia de lo alto
Los corazones que son tus criaturas.

Pon tu luz en nuestros espíritus,
Derrama tu amor en nuestros corazones,
Y que tu fuerza sin disminuir
Saque a nuestros cuerpos de su debilidad.

Rechaza lejos al Adversario;
Sin tardar, danos la paz;
Abre ante nosotros el camino:
¡Que evitemos toda falta!

Haznos conocer a Dios Padre,
Haznos conocer también al Hijo
Y creer en todo tiempo que tú eres
El único Espíritu de uno y otro.

Te lo pedimos por María, presente en el Cenáculo
con los apóstoles.
Dios te salve, María...

 PROPÓSITO DEL DÍA

Hoy estaré atento al modo en que el Espíritu Santo me lleva con las personas de mi entorno, de manera que aproveche las ocasiones y las inspiraciones que me dará él para transmitir una palabra de vida a uno u otro.

«El Espíritu Santo es el alma de la misión. Lo que sucedió en Jerusalén hace unos dos mil años no es un acontecimiento alejado de nosotros, es un suceso que sale a nuestro encuentro, que se hace experiencia viva en cada uno de nosotros. La Pentecostés del Cenáculo de Jerusalén es el comienzo, un comienzo que se prolonga. El Espíritu Santo es el don por excelencia de Cristo resucitado a sus apóstoles, pero quiere que llegue a todos. Juan reporta, en el capítulo 14 versículo 16, que Jesús dice: *"Yo rogaré al Padre y os dará otro Paráclito para que esté con vosotros siempre"*. Es el Espíritu Paráclito, el "Consolador" que da el valor de recorrer las rutas del mundo llevando el Evangelio. El Espíritu Santo nos hace ver el horizonte y nos impulsa hasta las periferias existenciales para anunciar la vida de Jesucristo. Preguntémonos si tenemos la tendencia a encerrarnos en nosotros mismos, en nuestro grupo, o si dejamos al Espíritu que nos abra a la misión».

PAPA FRANCISCO

⚫ INDICACIONES PARA UN SEGUNDO 🕯 MOMENTO DE ORACIÓN

El Espíritu Santo nos fortifica. Jesús mismo lo ha prometido: «*Recibiréis la fuerza del Espíritu Santo, que descenderá sobre vosotros*» (Hch 1, 8).

Releo el capítulo 2 de los Hechos de los apóstoles. Medito sobre la transformación que se produjo en los discípulos a partir del momento en que reciben el Espíritu Santo. Antes temerosos, encerrados en ellos mismos, devienen audaces, llenos de fuerza y de celo para anunciar el Evangelio.

Al meditar este misterio, pido a Jesús que me dé el espíritu de Pentecostés, que renueve en mí esta fuerza interior para vivir y anunciar el Evangelio.

ESTE LIBRO, PUBLICADO POR
EDICIONES RIALP, S. A.,
MANUEL URIBE 13-15, 28033 MADRID,
SE TERMINÓ DE IMPRIMIR
EN ARTES GRÁFICAS ANZOS, S. L.
FUENLABRADA (MADRID),
EL DÍA 19 DE ENERO DE 2026.